Dies ist ein Geschenk für

von

Datum

Gary Chapman

DAS HERZSTÜCK DER FÜNF SPRACHEN DER LIEBE

Gary Chapman

Das Herzstück der fünf Sprachen der Liebe

francke

Bibliografische Information Der Deutschen Bibliothek
Die Deutsche Bibliothek verzeichnet diese Publikation in der Deutschen Nationalbibliografie; detaillierte bibliografische Daten sind im Internet über http://dnb.ddb.de abrufbar.

3. Auflage 2015
ISBN 978-3-86827-040-2

Übersetzt von Sabine Weißenborn
Satz: Verlag der Francke-Buchhandlung GmbH
Umschlaggestaltung: www.provinzglueck.com
Druck und Bindung: CPI Moravia Books, Korneuburg

www.francke-buch.de

Inhaltsverzeichnis

Wo bleibt die Liebe nach der Hochzeit?

Warum scheinen nur so wenige Ehepaare das Geheimnis dafür zu kennen, wie man die Liebe auch nach der Hochzeit am Leben erhält? Warum gibt es so viele Ehepaare, die nach einem Kommunikationsseminar mit vielen guten Ideen, wie das Gespräch wieder in Gang gebracht werden kann, nach Hause gehen, nur um dort zu merken, dass sie all diese Ideen gar nicht umsetzen können?

Das Ziel dieses Buches ist es, eine Antwort auf diese Fragen zu finden. Natürlich gibt es schon jede Menge hilfreiche Bücher und Artikel zu diesem Thema. Doch das Problem ist, dass wir eine Grundwahrheit bisher übersehen haben: Menschen sprechen unterschiedliche Liebessprachen.

Die meisten von uns lernen von Kindheit an die Sprache ihrer Eltern und Geschwister – ihre Muttersprache. Später lernen wir dann oft noch andere Sprachen, aber das kostet uns meist sehr viel mehr Energie. Unterschiede in der Sprache gehören zur menschlichen Kultur.

Im Bereich der Liebe ist das ganz ähnlich. Ihre emotionale Liebessprache und die Ihres Ehepartners können so verschieden sein wie Englisch und Chinesisch. Wenn Ihr Partner nur Chinesisch versteht, dann ist es egal, wie sehr Sie sich anstrengen, Ihrem Partner auf Englisch von Ihrer Liebe zu erzählen. Er wird Sie und Ihre Liebe nicht verstehen. Es reicht nicht, dass wir es ernst meinen. Wir müssen auch bereit sein, die Liebessprache unseres Ehepartners zu lernen, wenn wir ihm unsere Liebe so zeigen wollen, dass er sie versteht.

Nach dreißig Jahren, in denen ich viele Ehepaare seelsorgerlich beraten und begleitet habe, bin ich zu dem Schluss gekommen, dass es grundsätzlich fünf verschiedene Liebessprachen gibt – fünf verschiedene Wege, wie Menschen Liebe ausdrücken und erfahren. Darüber hinaus gibt es natürlich noch zahlreiche Dialekte. Die Anzahl der Wege, wie Liebe innerhalb einer Liebessprache ausgedrückt werden kann, wird nur durch die eigene Phantasie beschränkt. Das Wichtigste ist nun, die Liebessprache des Ehepartners zu lernen.

Wenn Sie die Liebessprache erst einmal herausgefunden und sprechen gelernt haben, dann haben Sie meiner Meinung nach den Schlüssel für ein dauerhaftes und liebevolles Eheleben gefunden. Liebe muss sich nach der Hochzeit nicht in Luft auflösen. Wir müssen allerdings bereit sein, eine zweite Liebessprache zu lernen, selbst wenn es uns zuerst sehr schwer vorkommt.

Im Herzen eines jeden Menschen gibt es die Sehnsucht danach, einem anderen Menschen sehr nahe zu sein und von ihm geliebt zu werden. Die Ehe kann und sollte der Ort sein, wo wir diese Nähe und Liebe erleben. Deshalb reden auch die alten biblischen Texte davon, dass ein Mann und eine Frau „ein

Fleisch" werden. Das bedeutet nicht, dass die beiden Menschen ihre Identität verlieren; es bedeutet vielmehr, dass jeder von ihnen in einer tiefen und intimen Weise ein Teil des Lebens des anderen wird.

Immer und immer wieder habe ich die Worte gehört: „Unsere Liebe ist verschwunden, unsere Beziehung ist tot. Wir waren uns einmal sehr nahe, aber das ist vorbei. Wir sind nicht mehr gerne in der Nähe des anderen. Wir werden den Bedürfnissen des anderen nicht mehr gerecht (oder anders formuliert: Wir erfüllen die Bedürfnisse des anderen nicht mehr)." Solche Berichte zeigen, dass Erwachsene genau wie Kinder eine Art „Liebestank" haben.

Ich bin davon überzeugt, dass es in einer Ehe so ist wie bei einem Auto. Genauso wie ein Auto einen gefüllten Benzintank braucht, braucht eine Ehe einen gefüllten emotionalen Liebestank, um richtig zu funktionieren. Wenn man seine Ehe mit einem leeren Liebestank lebt, dann kann das aber noch mehr kosten als der Versuch, sein Auto ohne Benzin zu fahren. Egal wie gut Ihre Ehe gerade ist, sie kann noch besser werden.

Achtung! Wenn Sie das Konzept der fünf Sprachen der Liebe verstanden haben und die Hauptliebessprache Ihres Ehepartners sprechen lernen, dann kann das das Verhalten Ihres Ehepartners radikal verändern. Menschen verhalten sich anders, wenn ihr emotionaler Liebestank gefüllt ist.

Bevor wir uns jedoch genauer mit den fünf Sprachen der Liebe beschäftigen, möchte ich noch ein wichtiges und manchmal verwirrendes Phänomen ansprechen: die berauschende Erfahrung, die man macht, wenn man sich verliebt.

Auf ihrem Höhepunkt macht uns diese Erfahrung vollkommen euphorisch. Wir sind emotional von dem anderen völlig eingenommen. Wenn wir abends einschlafen, dann denken wir an ihn oder sie. Wenn wir morgens aufwachen, gilt dem anderen unser erster Gedanke. Wir sehnen uns danach, mit ihm oder ihr zusammen zu sein.

Ein Mensch, der verliebt ist, erliegt der Illusion, dass der andere perfekt ist.

Abgesehen davon, dass wir den anderen für perfekt halten, sind wir davon überzeugt, dass diese Liebe für immer hält. Immer werden wir diese wundervollen Gefühle füreinander haben, die wir momentan spüren. Nichts kann je zwischen uns kommen, nichts wird unsere Liebe füreinander erkalten lassen.

Doch nach und nach schweben wir aus den Wolken herab, und unsere Füße stehen wieder fest auf dem Boden. Unsere Augen werden geöffnet, und wir sehen die Warzen im Gesicht des anderen. Wir erkennen, dass ein paar seiner Wesensmerkmale ziemlich nervig sind. Plötzlich merken wir, dass der andere uns wirklich verletzen und auch einmal richtig wütend werden kann. Vielleicht wirft er uns sogar harte Worte an den Kopf und kritisiert unsere Person. Diese kleinen Wesensmerkmale, die wir in unserer Verliebtheit übersehen haben, werden dann zu riesigen Bergen.

Willkommen in der Welt der Ehe, in der die Haare morgens im Waschbecken liegen und kleine weiße Punkte den ganzen Spiegel bedecken, wo ein Streit darüber entbrennt, wie herum die Toilettenpapierrolle auf den Halter kommt und ob der Toilettendeckel geschlossen oder geöffnet sein soll. In dieser Welt kann ein Blick verletzen und ein Wort zerstören. Liebende werden plötzlich zu Feinden, und die Ehe wird ein Schlachtfeld.

Wo ist denn die Verliebtheit hin? Was ist nur passiert? Es war nur eine Illusion, die uns dazu gebracht hat, unseren Namen auf die gestrichelte Linie zu schreiben – in guten wie in schlechten Zeiten. War es dennoch wirkliche Liebe? Das denke ich schon. Das Problem war nur, dass wir fehlerhafte Informationen hatten.

Wenn wir verliebt sind, gaukelt uns unsere Euphorie vor, dass wir bereits eine perfekte Beziehung haben. Wir haben das Gefühl, zueinander zu gehören. Und wir glauben, dass wir alle Probleme überwinden können.

Haben wir jetzt, wo wir dank unserer Verliebtheit in eine Ehe geschlittert sind, nur noch zwei Möglichkeiten? Entweder wir leben ein elendes Leben an der Seite unseres Ehepartners, oder wir verlassen die Beziehung und versuchen es noch einmal?

Es gibt eine dritte bessere Alternative: Wir können die Erfahrung des Verliebtseins als das erkennen, was es ist – ein vorübergehendes emotionales Hoch – und dann dazu übergehen, an der „richtigen" Liebesbeziehung mit unserem Ehepartner zu arbeiten.

Das emotionale Bedürfnis nach Liebe muss gestillt werden, wenn wir emotional gesund sein wollen. Verheiratete Menschen sehnen sich danach, sich von ihren Ehepartnern geliebt und angenommen zu fühlen. Wenn der emotionale Liebestank Ihres Ehepartners voll und er sich Ihrer Liebe sicher ist, dann sieht die ganze Welt gleich viel sonniger aus. Außerdem wird Ihre Liebe seine besten Seiten zum Vorschein bringen.

Lob und Anerkennung

Liebessprache Nummer 1

Anerkennende und ermutigende Worte sind ein Weg, Liebe auszudrücken. Salomo, der Autor von einigen der biblischen Weisheitsbücher, schrieb: „Worte haben Macht: sie können über Leben und Tod entscheiden."[1] Nur wenige Ehepaare kennen die große Kraft, die in ermutigenden und anerkennenden Worten liegt. Salomo schreibt an anderer Stelle: „Sorgen drücken einen Menschen nieder – aber freundliche Worte richten ihn wieder auf."[2]

Komplimente oder Worte der Ermutigung vermitteln Menschen, die diese Liebessprache sprechen, besonders deutlich das Gefühl, geliebt zu werden. Vor allem dann, wenn es sich um offene und direkte Anerkennung handelt wie zum Beispiel:

„In diesem Anzug siehst du besonders elegant aus."

„Wow! Das Kleid steht dir aber gut."

„Du bist bestimmt die beste Köchin der

Welt, und heute Abend hast du dich selbst übertroffen."

„Es war wirklich sehr lieb von dir, dass du den Abwasch übernommen hast."

Ermutigende Worte

Komplimente sind nur eine Möglichkeit, dem Ehepartner Anerkennung zu zeigen.

Ein anderer Dialekt sind ermutigende Worte. Das Wort Ermutigung bedeutet „Mut wecken" oder „mit Mut erfüllen". Jeder von uns hat bestimmte Bereiche, in denen er sich unsicher fühlt. Uns fehlt der Mut, und das hält uns oft davon ab, die positiven Dinge zu tun, die wir eigentlich tun wollen. Das schlummernde Potential Ihres Ehepartners in diesem Bereich wartet wahrscheinlich nur auf Ihre ermutigenden Worte.

Viele von uns haben mehr Potential, als sie je nutzen werden. Ein liebender Ehepartner kann durch seine ermutigenden Worte ein

Katalysator für dieses ungenutzte Potential werden. Natürlich könnte es sein, dass Ihnen ermutigende Worte nicht so einfach über die Lippen gehen. Wahrscheinlich ist es nicht Ihre eigene Liebessprache, und es kostet Sie viel Kraft und Überwindung diese Fremdsprache zu lernen. Das gilt besonders für diejenigen, denen kritische und verurteilende Bemerkungen schneller auf der Zunge liegen. Doch ich kann Ihnen versichern, dass sich der Einsatz Ihrer Kraft lohnt.

Freundliche Worte

Die Liebe ist freundlich. Deshalb ist es so wichtig, dass wir freundliche Worte gebrauchen, wenn wir unsere Liebe ausdrücken wollen. Das hat viel mit unserer Art zu reden zu tun. Dieselbe Aussage kann zwei verschiedene Bedeutungen haben, je nachdem, wie wir sie sagen. Der Satz „Ich liebe dich“

drückt, wenn er freundlich und zärtlich gesagt wird, echte Liebe aus. Doch was ist mit dem Satz „Ich liebe dich?" Das Fragezeichen verändert die Bedeutung dieser drei Worte grundlegend. Manchmal sagen unsere Worte etwas ganz anderes als die Betonung in unserer Stimme. Wir senden zwei verschiedene Botschaften. Und normalerweise interpretiert unser Ehepartner unsere Aussagen nicht vorrangig nach den Worten, die wir benutzen, sondern nach unserer Betonung und unserer Stimme.

Die Art und Weise, wie wir sprechen, ist äußerst wichtig. Ein weiser Mann hat einmal gesagt: „Eine freundliche Antwort vertreibt den Ärger." Wenn Ihr Ehepartner verärgert ist und Ihnen harte Worte an den Kopf wirft, dann zeigen Sie ihm durch Ihre freundliche Stimme, dass Sie nicht auf gleiche Weise zurückschlagen und damit den hitzigen Streit noch verstärken wollen. Wenn Ihre Motivation eine andere ist als die Ihres Partners, können Sie ihm das mit freundlichen Worten erklären. Es macht einen großen Unterschied, wenn Sie nicht darauf beharren, dass Ihre Sichtweise der Dinge die einzig logische ist, sondern stattdessen nach einem Kompromiss und Versöhnung suchen. Das ist gereifte Liebe – eine Liebe, die wir anstreben, wenn wir uns eine gesunde Beziehung wünschen.

Die Liebe rechnet das Böse nicht auf. Und sie holt auch vergangenes Versagen nicht immer wieder hervor. Keiner von uns ist perfekt. Auch in unseren Ehen tun wir nicht immer das Richtige und das Beste. Wir haben wahrscheinlich sogar Sachen gesagt oder getan, die unseren Ehepartner zutiefst verletzt haben. Das Vergangene können wir nicht ungeschehen machen. Doch wir können erkennen, dass wir Fehler gemacht haben, um Vergebung bitten und versuchen, uns in Zukunft anders zu verhalten. Wenn ich mich zum Richter aufspiele und es darauf anlege, meinem Ehepartner sein Verhalten heimzuzahlen oder es ihm immer wieder vorzuhalten, dann stempele ich ihn als den Schuldigen ab. Nähe und Zärtlichkeit werden dadurch unmöglich. Entscheide ich mich aber, ihm zu vergeben, dann kann diese Nähe wiederhergestellt werden. Vergebung ist der Weg der Liebe.

Höfliche Worte

Die Liebe bittet, sie fordert nicht. Wenn ich bestimmte Dinge von meinem Ehepartner fordere, dann werde ich zum Elternteil und er zum Kind. Doch in der Ehe sind wir gleichgestellt. Wir sind alles andere als perfekt, aber wir sind Erwachsene, und wir sind Partner. Wenn wir eine intakte Beziehung zu unserem Partner aufbauen wollen, dann müssen wir seine Sehnsüchte und Wünsche kennen. Wenn wir uns wirklich lieben wollen, müssen wir wissen, was sich der andere wünscht.

Doch die Art, wie wir diese Sehnsüchte ausdrücken, ist extrem wichtig. Kommen sie bei dem Partner als Forderung an, geht er in die Defensive und zieht sich zurück. Schaffen wir es aber, unsere Bedürfnisse und Sehnsüchte als Bitten zu formulieren, dann laden wir den anderen ein, sich auf uns einzulassen, ohne ihm ein Ultimatum zu stellen.

Verschiedene Dialekte

Lob und Anerkennung ist eine der fünf Liebessprachen. Innerhalb dieser Sprache gibt es allerdings verschiedene Dialekte. Mit einigen von ihnen haben wir uns in diesem Kapitel beschäftigt, doch es gibt noch sehr viel mehr. Ganze Bücher und unzählige Artikel sind über diese Dialekte geschrieben worden. Bei jedem dieser Dialekte geht es darum, den Ehepartner mit anerkennenden Worten zu ermutigen. Wenn Sie in Zukunft einen Vortrag über Liebe hören oder einen Freund etwas Positives über einen anderen Menschen sagen hören, dann schreiben Sie es auf. Im Laufe der Zeit werden Sie eine ganze Reihe von Sätzen sammeln, die Sie nutzen können, um Ihrem Partner Ihre Liebe zu zeigen.

Vielleicht versuchen Sie auch einmal, indirekt anerkennende Worte über Ihren Partner zu sagen. Damit meine ich, dass Sie positive Dinge über Ihren Ehepartner sagen könnten, selbst wenn dieser gerade nicht anwesend ist. Irgendwann wird ein anderer Ihrem Partner davon erzählen, und das wird ihm Ihre Liebe besonders deutlich zeigen. Erzählen Sie der Mutter Ihrer Frau, wie wundervoll Ihre Frau ist. Wenn die Mutter nun ihrer Tochter erzählt, was Sie gesagt haben, dann bekommt Ihr Satz ein noch größeres Gewicht, und sie wird sich Ihrer Liebe wieder neu bewusst. Reden Sie aber dennoch auch dann vor anderen anerkennend über Ihren Ehepartner, wenn er dabei ist. Oder wenn Sie öffentlich für eine Sache geehrt werden, dann denken Sie daran, diese Ehre mit Ihrem Ehepartner zu teilen. Außerdem könnten Sie versuchen, Ihrem Partner einmal einen anerkennenden Brief zu schreiben. Ein Brief hat den Vorteil, dass man ihn immer wieder lesen kann.

Wenn Lob und Anerkennung die Liebessprache Ihres Partners ist:

- Erinnern Sie sich immer wieder daran, dass Worte sehr wichtig sind!
- Schreiben Sie ihm einen Liebesbrief.
- Nehmen Sie sich vor, Ihrem Ehepartner einen Monat lang jeden Tag ein Kompliment zu machen.

Zweisamkeit

Liebessprache Nummer 2

Wenn ich mit meiner Frau zusammen auf dem Sofa sitze und wir uns zwanzig Minuten lang unsere ungeteilte Aufmerksamkeit schenken, dann schenken wir dem anderen letztlich zwanzig Minuten unseres Lebens. Diese zwanzig Minuten werden wir nie mehr miteinander verbringen können, wenn wir es nicht jetzt tun. Zweisamkeit vermittelt deutlich das Gefühl, geliebt zu sein.

Miteinander, statt nebeneinander

Ein zentraler Punkt in dieser Liebessprache ist das Zusammensein. Damit meine ich nicht, dass man sich einfach nur im selben Raum befindet. Zwei Menschen, die auf demselben Sofa sitzen, sind zwar nahe beieinander, aber sie sind sich nicht unbedingt nahe. Zusammensein hat etwas mit Aufmerksamkeit und Auf-den-anderen-

Achten zu tun. Wenn ein Vater auf dem Boden sitzt und seinem zweijährigen Sohn einen Ball zurollt, dann gilt seine Aufmerksamkeit nicht dem Ball, sondern seinem Sohn. In diesem Moment, egal wie lange er dauert, sind Vater und Sohn zusammen – sie sind sich nahe. Wenn der Vater jedoch gleichzeitig ein Telefongespräch führt, dann richtet sich seine Aufmerksamkeit nicht mehr ungeteilt auf seinen Sohn.

Das gleiche gilt auch für ein Ehepaar, das zum Beispiel gemeinsam Tennis spielt. Die beiden verbringen wichtige gemeinsame Zeit miteinander, wenn die Betonung nicht auf dem Spiel liegt, sondern darauf, dass sie Zeit miteinander verbringen. Denn es kommt darauf an, was auf der emotionalen Ebene passiert.

Zwiegespräch

Wie schon bei der ersten Liebessprache gibt es auch in dieser viele Dialekte. Einer der verbreitetsten ist der intensive Gedankenaustausch. Damit meine ich verständnisvolle Zwiegespräche, bei denen zwei Menschen ihre Erfahrungen, Gedanken, Gefühle und Wünsche in freundlicher und ungestörter Atmosphäre miteinander teilen.

Dieses Zwiegespräch unterscheidet sich deutlich von der ersten Liebessprache. Bei der ersten Liebessprache liegt die Betonung darauf, was wir sagen, wohingegen es bei der zweiten darum geht, was wir hören. Wenn ich meinem Partner meine Liebe dadurch zeigen möchte, dass ich Zeit mit ihm verbringe, dann muss ich lernen, ihm zuzuhören und ihn besser zu verstehen.

Jede Beziehung braucht in einem gewissen Maß diese Art des Zuhörens, um die Gedanken, Gefühle und Wünsche des anderen zu verstehen. Zuhören kann man lernen, auch wenn es manchen von uns wie eine schwere Fremdsprache vorkommen mag. Doch wir müssen es lernen, wenn wir unserem Partner unsere Liebe zeigen wollen – vor allem dann, wenn seine Liebessprache die Zweisamkeit ist. Hier sind ein paar Tipps, die Ihnen dabei helfen können:

- Schauen Sie Ihrem Ehepartner in die Augen, wenn er mit Ihnen spricht.

- Erledigen Sie nicht gleichzeitig eine andere Sache, wenn Sie Ihrem Partner gerade zuhören.

- Versuchen Sie, die Gefühle des anderen in seinen Worten zu erkennen.

- Beobachten Sie die Körpersprache.

- Unterbrechen Sie ihn nicht.

Zu einer guten Kommunikation gehört aber nicht nur verständnisvolles Zuhören sondern auch, dass man sich selbst dem anderen öffnet. Wenn eine Frau sagt: „Ich wünschte mir so, dass mein Mann mit mir redet. Ich weiß nie, was er wirklich denkt und fühlt", dann sehnt sie sich nach Nähe. Damit sie sich von ihm geliebt fühlt, muss er etwas von sich preisgeben. Ist die Zweisamkeit ihre Liebessprache und das Zwiegespräch ihr Dialekt, wird sie sich erst dann wirklich von ihm geliebt fühlen, wenn er seine Gedanken und Gefühle mit ihr teilt.

Nicht alle von uns haben Schwierigkeiten mit ihren Gefühlen, aber wenn es um das Reden darüber geht, haben wir alle mit unserer Persönlichkeit zu kämpfen. Mir sind in meiner Arbeit zwei Persönlichkeitstypen begegnet. Den ersten Typ will ich einmal „Totes Meer" nennen. In dem kleinen Land Israel fließt aus dem See Genezareth der Jordan heraus, der ins Tote Meer mündet. Dort bleibt das ganze Wasser. Das Tote Meer bekommt Wasser, gibt aber keines ab. Dieser Persönlichkeitstyp wird im Laufe des Tages mit vielen Erfahrungen, Gefühlen und Gedanken konfrontiert, doch er hat einen riesigen Speicher, wo all diese Informationen abgelegt werden, und ist zufrieden, wenn er nicht darüber reden muss.

Das andere Extrem ist der „plätschernde Bach". Für diesen Persönlichkeitstyp gilt, dass alles, was das Auge oder das Ohr aufnimmt, auch wieder aus dem Mund herauskommt. Meistens liegen noch nicht einmal sechzig Sekunden dazwischen. Was auch immer diese Menschen sehen und hören, darüber reden sie auch. Sehr häufig heiratet ein plätschernder Bach ein Totes Meer. Das kommt daher, dass sich Gegensätze anziehen – vor allem in der Verliebtheitsphase.

Doch nach ungefähr fünf Jahren Ehe wacht

der plätschernde Bach eines Morgens auf und denkt: „Wir sind jetzt schon fünf Jahre verheiratet, und ich kenne ihn immer noch nicht."

Das Tote Meer hingegen denkt: „Ich kenne sie viel zu gut. Ich wünschte, sie würde mir einmal eine Pause gönnen." Die gute Nachricht ist, dass Tote Meere das Reden und plätschernde Bäche das Zuhören lernen können. Unsere Persönlichkeit beeinflusst uns, aber sie muss uns nicht kontrollieren.

Ein erster Schritt könnte sein, dass Sie für jeden Tag eine Zeit ausmachen, in der Sie über drei Dinge reden, die an diesem Tag passiert sind, und welche Gefühle damit verbunden sind. Ich nenne diese Zeit auch die „tägliche Mindestanforderung" für eine gute und gesunde Ehe. Wenn Sie erst einmal mit der täglichen Mindestanforderung angefangen haben, werden Sie im Laufe der nächsten Wochen und Monate merken, dass Ihnen das Reden immer leichter fällt und die Zeiten immer länger werden.

Gemeinsame Unternehmungen

Ein weiterer Dialekt der Liebessprache Zweisamkeit sind gemeinsame Unternehmungen. Das kann alles sein, was Ihnen beiden oder nur einem von Ihnen Spaß macht. Die Betonung liegt nicht darauf, was Sie tun, sondern darauf, warum Sie es tun. Das Ziel ist, etwas gemeinsam zu erleben und am Ende mit dem Gefühl nach Hause zu kommen: „Ich bin ihm wichtig. Er hat gerne etwas mit mir gemeinsam unternommen, von dem er weiß, dass es mir Spaß macht." Das ist Liebe, und zu einigen Menschen spricht diese Art des Liebesbeweises am lautesten.

Eine der Nebenwirkungen von diesen gemeinsamen Unternehmungen ist, dass wir dadurch viele gute Erinnerungen sammeln, an die wir uns in späteren Jahren mit Freude zurückerinnern können. Wie glücklich ist das Ehepaar, das sich an einen Morgenspaziergang am Strand, einen Tag im Blumenbeet oder an das gemeinsame Wochenende im Zelt in der Wildnis erinnern kann. Das sind Erinnerungen voller Liebe, besonders für die Menschen, deren primäre Liebessprache die Zweisamkeit ist.

Wenn Zweisamkeit die Liebessprache Ihres Ehepartners ist:

- Machen Sie einen Spaziergang durch die Stadt oder den Ort, in dem Ihr Partner aufgewachsen ist. Fragen Sie ihn dabei nach seiner Kindheit.

- Verabreden Sie sich mit Ihrem Ehepartner zu einem romantischen Abendessen.

- Bitten Sie Ihren Partner um eine Liste mit fünf Aktivitäten, die er gerne einmal mit Ihnen unternehmen möchte.

- Überlegen Sie sich einen Ausflug, den Ihr Ehepartner besonders gern einmal machen möchte, zu dem Sie aber bisher nie Lust hatten.

Geschenke

Liebessprache Nummer 3

Ein Geschenk ist etwas, das man in der Hand halten kann und das einem bewusst macht: „Er hat wirklich an mich gedacht“ oder „Sie hat sich tatsächlich an meinen Geburtstag erinnert.“ Um jemandem ein Geschenk machen zu können, müssen Sie vorher an ihn gedacht haben. Das Geschenk ist das Ergebnis dieses Gedankens. Es ist egal, ob es Geld gekostet hat oder nicht, denn was zählt, ist, dass Sie an sie oder ihn gedacht haben. Doch es ist nicht allein der Gedanke, der wichtig ist. Es ist vor allem wichtig, dass dieser Gedanke zum Kauf eines Geschenks geführt hat, das dem anderen zeigt, wie lieb Sie ihn haben.

Geschenke können die unterschiedlichsten Formen, Größen und Farben haben. Einige sind sehr teuer, andere kosten gar nichts. Für den, dessen Liebessprache Geschenke sind, ist es eher unwichtig, wie viel ein Geschenk gekostet hat, es sei denn, es passt so gar nicht zum Haushaltsbudget. Wenn ein Millionär seiner Frau immer nur billige Geschenke macht, dann fragt sie sich sicher irgendwann, ob das wirklich ein Ausdruck seiner Liebe ist. Doch wenn die Familienfinanzen eher angespannt sind, kann ein einfaches, aber liebevoll ausgewähltes Geschenk sehr, sehr viel bedeuten.

Geschenke und Geld

Wenn Sie diese Liebessprache lernen wollen, dann könnte es sein, dass Sie Ihre Einstellung zum Geld ändern müssen. Jeder von uns hat seine ganz persönliche Vorstellung, wie Geld verwendet werden sollte. Damit verbunden sind auch bestimmte Gefühle im Bezug auf das Geldausgeben. Manche von uns geben gerne Geld aus. Sie fühlen sich gut, wenn sie ihr Geld unter die Leute bringen können. Andere sind eher sparsam und investieren ihr Geld lieber, um es zu vermehren. Sie fühlen sich gut, wenn sie Geld sparen und gut anlegen.

Wenn Sie gerne Geld ausgeben, dann wird es Ihnen wahrscheinlich nicht schwer fallen, Geschenke für Ihren Partner zu kaufen. Doch wenn Sie eher sparsam sind, dann werden Sie sicher bei dem Gedanken, Geld auszugeben, um Ihrem Partner Ihre Liebe zu zeigen, eine innerliche Blockade spüren. Sollten aber Geschenke die Liebessprache Ihres Ehepartners sein, dann merken Sie sicher bald, dass sich das so investierte Geld lohnt. Denn damit investieren Sie in Ihre Beziehung und zeigen Ihrem Partner in seiner Sprache, dass Sie ihn lieben. Im Laufe der Zeit wird er oder sie sich vielleicht auch bemühen, Ihnen seine Liebe in Ihrer Liebessprache zu zeigen.

Das Geschenk unserer Anwesenheit

Es gibt ein Geschenk, das man nicht anfassen kann, das oft aber mehr sagt als jedes materielle Geschenk. Ich nenne es das Geschenk unserer Anwesenheit. Da zu sein, wenn unser Ehepartner uns braucht, bedeutet einem Menschen mit dieser Liebessprache sehr viel, denn da verschenken wir uns selbst. Eine Frau sagte einmal zu mir: „Mein Mann liebt Fußball viel mehr als mich."

„Warum glauben Sie das?", fragte ich sie.

„An dem Tag, als unser Baby geboren wurde, hat er Fußball gespielt. Den ganzen Nachmittag habe ich allein im Krankenhaus gelegen, und er hat Fußball gespielt", antwortete sie.

„War er denn nicht dabei, als das Baby geboren wurde?"

„Oh, doch. Er ist gerade so lange geblieben, um die Geburt mitzuerleben. Doch gleich danach ist er zum Fußballspielen gegangen. Ich war so verzweifelt. Die Geburt war so ein wichtiger Moment in unserem Leben und in unserer Ehe. Ich hatte mir so gewünscht, diese Zeit mit ihm zusammen zu erleben. Aber mein Mann ist einfach gegangen – und das nur wegen so eines blöden Spiels."

Dieser Ehemann hätte seiner Frau dutzende Rosen ins Krankenhaus schicken können, doch nichts hätte ihr seine Liebe so sehr gezeigt wie seine Gegenwart im Krankenhaus nach der Geburt. Das „Baby" war mittlerweile fünfzehn Jahre alt, und dennoch sprach sie von der Situation mit den gleichen heftigen Gefühlen, als wäre es gestern gewesen. Ich forschte weiter: „Basiert Ihre Überzeugung, dass Ihr Mann Fußball mehr liebt als Sie, allein auf dieser einen Erfahrung?"

„Oh, nein", antwortete sie. „An dem Tag, als meine Mutter beerdigt wurde, hat er auch Fußball gespielt."

„Ist er denn nicht zu der Beerdigung gegangen?"

„Doch, doch. Er ist mit zu der Beerdigung gegangen. Aber sobald alles vorbei war, ist er sofort zum Fußball gefahren. Ich konnte es erst gar nicht glauben. Meine Brüder und Schwestern sind mit zu mir nach Hause gekommen, aber mein Mann war auf dem Fußballplatz."

Etwas später fragte ich den Ehemann, wie er diese beiden Situationen erlebt hatte. Er wusste sofort, welche ich meinte. „Ich wusste, dass sie darüber reden würde", sagte er. „Ich war während der ganzen Geburt bei ihr, bis das Baby da war und ich es in den Armen halten konnte. Ich habe viele Fotos gemacht und war so glücklich. Ich konnte es kaum abwarten, meiner Mannschaft davon zu erzählen. Doch als ich dann am Abend ins Krankenhaus zurückkam, zerplatzte diese Seifenblase des Glücks innerhalb von Sekunden. Sie war so wütend auf mich. Ich konnte gar nicht glauben, was sie mir da alles vorwarf. Eigentlich hatte ich erwartet, dass sie stolz darauf war, dass ich aller Welt von dem glücklichen Ereignis erzählen wollte.

Wahrscheinlich hat sie Ihnen nicht erzählt, dass ich mir eine Woche Urlaub genommen habe, bevor ihre Mutter starb. Diese Woche habe ich entweder im Krankenhaus oder im Haus ihrer Mutter verbracht, um zu helfen, wo es nur ging. Nachdem sie gestorben und die Beerdigung vorbei war, dachte ich, ich hätte alles getan, was ich konnte. Ich brauchte dringend eine Pause. Ich spiele sehr gerne Fußball, und ich wusste, dass ich dabei den ganzen Stress abbauen könnte. Ich hatte gehofft, dass sie mir diese Pause gönnte.

Ich war davon überzeugt, alles getan zu haben, was ihr wichtig war – doch es war nicht genug. Seitdem hält sie mir diese beiden Tage immer wieder vor. Sie sagt, dass Fußball mir wichtiger ist als sie. Das ist doch lächerlich."

Dieser Mann liebte seine Frau sehr, und trotzdem hatte er noch nicht verstanden, was für eine große Aussagekraft in seiner Anwesenheit lag. Seine Gegenwart war für seine Frau wichtiger als alles andere. Körperliche Anwesenheit ist das größte Geschenk, das Sie Ihrem Ehepartner in Krisenzeiten machen können, wenn seine primäre Liebessprache Geschenke sind.

Wenn Ihnen die körperliche Anwesenheit Ihres Ehepartners wichtig ist, dann möchte ich Sie ermutigen, ihm oder ihr das auch zu sagen. Erwarten Sie nicht, dass er Ihre Gedanken liest. Wenn umgekehrt Ihr Ehepartner Ihnen sagt: „Ich brauche es wirklich, dass du heute Abend, an diesem Nachmittag oder morgen früh bei mir bist", dann nehmen Sie diese Bitte sehr ernst.

Fast alles, was je über das Thema Liebe geschrieben worden ist, zeigt auf, dass das Geben ein wesentliches Element der Liebe ist. Alle fünf Liebessprachen fordern uns heraus, unserem Ehepartner etwas zu geben. Doch für einige sprechen Geschenke – die sichtbaren Symbole der Liebe – am lautesten.

Wenn Geschenke die Liebessprache Ihres Ehepartners ist:

- Probieren Sie einmal eine Reihe von Geschenken aus: eine Pralinenschachtel am Morgen auf dem Frühstückstisch; am Nachmittag einen Blumenstrauß, der ins Haus geliefert wird, ein neues Hemd am Abend.

- Machen Sie selbst ein Geschenk für Ihren Partner.

- Geben Sie Ihrem Ehepartner eine ganze Woche lang jeden Tag ein Geschenk.

Hilfsbereitschaft

Liebessprache Nummer 4

Jesus Christus hat uns ein einfaches, aber tiefgründiges Beispiel dafür gegeben, wie man seine Liebe durch praktische Hilfe zeigen kann – er hat den Jüngern die Füße gewaschen. In einer Kultur, in der die Menschen mit Sandalen oder barfuß auf staubigen Straßen liefen, war es üblich, dass der Diener oder Sklave im Haus den ankommenden Gästen die Füße wusch. In diesem Fall nahm Jesus, nachdem er seinen Jüngern gesagt hatte, dass sie sich untereinander lieben sollten, eine Schüssel und ein Handtuch und wusch ihre Füße.[3] Als er damit fertig war, trug er ihnen auf, seinem Beispiel zu folgen.

Einige Zeit zuvor hatte Jesus gesagt, dass diejenigen, die in seinem Reich groß sein wollten, anderen dienen müssten. In den meisten Ländern ist es so, dass die Starken und Mächtigen die Kleinen und Schwachen unterdrücken, doch Jesus sagte, dass diejenigen, die wirkliche Größe besäßen, anderen dienten. Der Apostel Paulus hat das mit den

Worten zusammengefasst: „Dient vielmehr einander in Liebe.“

Fußabtreter oder Liebender?

„Ich hab ihn zwanzig Jahre lang von vorne bis hinten bedient. In all den Jahren bin ich sein Fußabtreter gewesen, und er hat mich nur ignoriert oder schlecht behandelt und mich immer wieder vor unseren Freunden und Familien schlecht gemacht. Ich hasse ihn nicht, und ich wünsche ihm nichts Böses, aber ich kann ihn nicht länger ertragen und mit ihm zusammenleben.“ Diese Ehefrau hat ihrem Mann zwanzig Jahre lang ihre Hilfsbereitschaft erwiesen, aber sie war nicht Ausdruck ihrer Liebe. Ihre Motivation waren eher Angst, Schuldgefühle und Ablehnung. Ein Fußabtreter ist ein lebloses Objekt. Man kann sich die Schuhe darauf abputzen, darauf herumtrampeln, ihn durch die Gegend werfen und auch sonst alles damit machen, was man will. Die Matte hat keinen eigenen Willen. Sie kann ein Diener sein, aber niemals ein Liebender. Wenn wir unsere Ehepartner wie ein Objekt behandeln, schließen wir Liebe von vorneherein aus. Manipulation durch Schuldgefühle („Wenn du ein guter Ehepartner wärst, dann würdest du das für mich tun") ist nicht die Sprache der Liebe. Genauso fremd ist es der Liebe, durch Einschüchterung („Du machst das jetzt, oder es wird dir leid tun") Zwang auszuüben. Kein Mensch sollte je ein Fußabtreter sein. Die Liebe sagt: „Ich liebe dich viel zu sehr, als dass ich mich von dir so behandeln lasse. Es tut uns beiden nicht gut."

Stereotypes Denken

Wenn wir diese Liebessprache lernen wollen, dann heißt das für einige von uns, dass wir unser Rollenverständnis neu überdenken müssen. Mark tat das, was viele von uns normalerweise tun. Er übernahm einfach das Rollenmodell seiner Eltern, doch leider nicht komplett. Sein Vater wusch das Auto und mähte den Rasen. Das tat Mark nicht, und doch war das sein Bild von dem, was ein Ehemann tun sollte. Jedenfalls konnte er sich nicht das Wohnzimmer saugen oder die Windeln wechseln sehen. Trotzdem war er bereit, sein stereotypes Rollenverständnis zu verändern, als er merkte, wie wichtig seiner Frau Maria diese Dinge waren. Das müssen wir letztlich alle tun, wenn die Liebessprache unseres Ehepartners etwas von uns fordert, das nicht mit unserem Rollenverständnis in Einklang zu bringen ist. Aufgrund der gesellschaftlichen Veränderungen in den letzten dreißig Jahren gibt es in unserer Gesellschaft kein einheitliches Rollenverständnis mehr. Das heißt jedoch nicht, dass die Stereotypen nicht mehr existieren. Es heißt vielmehr, dass es inzwischen sehr viel mehr Stereotypen gibt. Durch den Einfluss der Medien und die steigende Zahl Alleinerziehender werden die Rollenbilder heutzutage vermehrt von Kräften außerhalb der eigenen Familie geformt. Egal wie Ihre eigene Idealvorstellung aussieht, wird Ihr Ehepartner die Rollen von Ehefrau und Ehemann wahrscheinlich anders definieren. Deshalb ist die Bereitschaft, die eigene Rollenvorstellung zu hinterfragen und zu ändern, so wichtig, wenn man dem anderen seine Liebe wirklich zeigen will.

Vor kurzem sagte eine Frau zu mir: „Dr. Chapman, ich werde alle meine Freundinnen zu einem Ihrer Seminar schicken."

„Warum wollen Sie das denn tun?", fragte ich.

„Weil es unsere Ehe so grundlegend verändert hat", antwortete sie. „Vor Ihrem Seminar hat mir Bob nie bei irgendetwas geholfen. Wir sind beide direkt nach der Uni in den Beruf eingestiegen. Trotzdem war es immer meine Aufgabe, den Haushalt zu erledigen. Irgendwie schien es ihm nie in den Sinn zu kommen, mir bei der Arbeit zu helfen. Nachdem wir aber Ihr Seminar besucht hatten, fing er plötzlich an mich zu fragen: ‚Kann ich dir heute Abend bei irgendetwas helfen?' Es ist unglaublich. Am Anfang konnte ich gar nicht glauben, dass er es ernst meinte, doch er hat in den letzten drei Jahren nicht damit aufgehört. Ich muss zugeben, dass es am Anfang manchmal schwierig, aber auch witzig war, weil er ja von den meisten Dingen keine Ahnung hatte. Das erste Mal, als er sich um die Wäsche kümmerte, stellte er eine viel zu hohe Temperatur ein. Seine Pullis passten danach nur noch einem Baby. Doch er zeigte mir seine Liebe in meiner Liebessprache, und mein Liebestank füllte sich stetig. Glauben Sie mir. Ich habe seine Liebessprache auch gelernt, und unsere Ehe hat sich dadurch wirklich verändert."

Ist es tatsächlich so einfach?

Einfach? Ja. Leicht? Nein. Bob leistete harte Arbeit, als er sein Rollenverständnis, das für ihn fünfunddreißig Jahre lang selbstverständlich gewesen war, hinterfragte und überwand. Es war nicht leicht, und doch würde er bestätigen können, dass sich die Arbeit mehr als lohnt. Denn seine Ehe ist heute eine ganz andere. Die Liebessprache des anderen zu lernen und zu sprechen macht einen großen Unterschied und verbessert die Atmosphäre in einer Ehe enorm.

Wenn Hilfsbereitschaft die Liebessprache Ihres Ehepartners ist:

- Machen Sie eine Liste von den Dingen, um die Sie Ihr Ehepartner in den letzten Wochen gebeten hat. Suchen Sie sich für jede Woche eines der Dinge aus und tun Sie es als Ausdruck Ihrer Liebe.

- Schreiben Sie Ihrem Ehepartner alle drei Tage eine liebevolle Bemerkung auf einen Zettel, und helfen Sie ihm an diesem Tag da, wo er gerade Hilfe braucht.

- Versuchen Sie die Kinder in einen dieser praktischen Hilfsdienste für Ihren Ehepartner mit einzubeziehen.

Zärtlichkeit

Liebessprache Nummer 5

Zärtlichkeit ist ein deutlicher Weg, wie wir unsere Liebe in der Ehe zeigen können.

Händchen halten, küssen, umarmen und miteinander schlafen sind alles Möglichkeiten, unserem Ehepartner unsere Liebe zu zeigen. Für einige Menschen ist Zärtlichkeit die primäre Liebessprache. Ohne Berührungen fühlen sie sich ungeliebt. Körperkontakt hingegen vermittelt Ihnen das Gefühl, geliebt zu werden und versichert ihnen die Liebe ihres Ehepartners.

Berührungen haben immer einen entscheidenden Einfluss auf eine Beziehung. Sie können Liebe oder Hass ausdrücken. Und für einen Menschen, der Zärtlichkeit als Liebessprache hat, sprechen die indirekten Botschaften in den Berührungen noch viel lauter als die Worte: „Ich liebe dich!“ oder „Ich hasse dich!“ Eine Ohrfeige ist für jedes Kind eine Demütigung, aber für ein Kind, dessen primäre Liebessprache Zärtlichkeit ist, ist sie verheerend. Eine liebevolle Umarmung zeigt jedem Kind, dass es geliebt wird, doch für ein Kind mit dieser Liebessprache spricht die Umarmung deutlicher als tausend Worte. Dasselbe gilt für Erwachsene.

Eine liebevolle Umarmung in einer Ehe kann die unterschiedlichsten Formen haben. Da es am ganzen Körper Rezeptoren gibt, ist eigentlich jede liebevolle Berührung ein Ausdruck von Liebe. Das heißt aber nicht, dass alle Berührungen gleich sind. An einigen Stellen wird der Ehepartner lieber berührt als an anderen. Deshalb ist es wichtig, dass Sie über diese Dinge sprechen, denn schließlich wollen Sie Ihrem Ehepartner deutlich zeigen, dass Sie ihn lieben. Er selbst weiß am besten, was er als liebevolle Berührung empfindet. Bestehen Sie nicht darauf, Ihren Partner auf Ihre Weise zu berühren oder dann, wenn Sie sich danach fühlen. Lernen Sie den besonderen Dialekt Ihres Partners, und gehen Sie nicht einfach davon aus, dass Ihr Partner die Berührung, die Sie am meisten mögen, auch am liebsten spürt.

Liebevolle Berührungen sind oft eindeutig und fordern unsere ganze Aufmerksamkeit, wie zum Beispiel eine Rückenmassage oder das Vorspiel vor dem Liebesakt. Doch es gibt auch Berührungen, die nur einen Moment dauern. Wie beispielsweise beim Einschenken der zweiten Tasse Kaffee kurz die Hand auf die Schulter des anderen zu legen oder ihn im Vorbeigehen zu berühren. Eindeutige Berührungen brauchen natürlich mehr Zeit, aber sie helfen uns, unseren Ehepartner und seine Bedürfnisse besser zu verstehen. Wenn eine Rückenmassage Ihrem Ehepartner deutlich zeigt, wie sehr Sie ihn lieben, dann sollten Sie keine Kosten und Mühen scheuen, um ein guter Masseur zu werden. Die Zeit ist mit Sicherheit gut investiert. Wenn das Miteinander-Schlafen der Dialekt ist, den Ihr Partner spricht, lesen Sie so viel Sie können über das Thema, und reden Sie dann mit Ihrem Partner darüber. Das wird Ihr Liebesleben sicher bereichern.

Die indirekteren Berührungen brauchen nicht viel Zeit, aber Sie müssen sich Gedanken darüber machen. Das gilt besonders dann, wenn Zärtlichkeit nicht Ihre Liebessprache ist und Sie auch nicht in einer Familie aufgewachsen sind, in der man sich viel berührt hat. Dicht nebeneinander auf dem Sofa zu sitzen, während Sie im Fernsehen einen Film schauen, kostet keine Extra-Zeit, zeigt Ihrem Partner aber Ihre Liebe. Es dauert auch nur einen Augenblick, wenn Sie Ihren Partner im Vorbeigehen kurz streicheln, während er gerade die Zeitung liest. Vielleicht ist es nur ein Kuss oder eine kurze Umarmung, wenn einer von Ihnen das Haus verlässt oder wiederkommt, doch das spricht Bände für Ihren Ehepartner.

Der Körper ist für Berührungen gemacht

Alles, was ich bin, ist in meinem Körper. Wenn jemand meinen Körper berührt, berührt er mich als Person. Wenn sich jemand von meinem Körper zurückzieht, dann weist er mich auch emotional zurück. In unserer Gesellschaft zeigen wir durch das Händeschütteln, dass wir den Kontakt mit dem anderen suchen und ihm offen gegenüberstehen. Wenn es ein Mann in seltenen Fällen ablehnt, einem anderen Mann die Hand zu schütteln, ist das ein deutliches Zeichen dafür, dass in der Beziehung zwischen ihnen etwas nicht stimmt.

Zärtlichkeit in Krisenzeiten

In Krisenzeiten umarmen wir uns fast instinktiv. Warum? Weil Körperkontakt eine deutliche Sprache spricht. Mehr als zu anderen Zeiten brauchen wir in Krisenzeiten das Gefühl, geliebt zu werden. Oft können wir die Ereignisse nicht ändern, aber wir können sie durchstehen, wenn wir uns geliebt fühlen.

In jeder Ehe gibt es Krisen. Der Tod der eigenen Eltern ist unausweichlich. Durch Unfälle werden jedes Jahr Tausende getötet oder dauerhaft geschädigt. Krankheit achtet nicht auf die Person. Enttäuschungen sind ein Teil des Lebens. Das Gefühl, geliebt zu sein, ist das Wichtigste, was Sie Ihrem Partner in diesen Krisenzeiten geben können. Wenn Zärtlichkeit die Liebessprache Ihres Partners ist, dann ist es in diesen Zeiten besonders wichtig, ihn festzuhalten, wenn er weint. Ihre Worte wird er vielleicht gar nicht hören, doch die Umarmung zeigt ihm, dass er Ihnen wichtig ist. Gerade in Krisen können Sie Ihrem Ehepartner so deutlich machen, dass Sie ihn lieben. An Ihre liebevollen Berührungen und Umarmungen wird sich Ihr Partner auch dann noch erinnern, wenn die Krise schon lange vorbei ist. Doch genauso wird er auch Ihr Versagen in diesem Bereich nicht vergessen.

Wenn Zärtlichkeit die Liebessprache Ihres Ehepartners ist:

- Halten Sie die Hand Ihres Partners, wenn Sie gemeinsam durch die Stadt bummeln.
- Wenn Ihr Ehepartner das nächste Mal nach Hause kommt, gehen Sie ihm entgegen und begrüßen Sie ihn mit einer besonderen Umarmung.
- Überlegen Sie sich etwas Neues, um das sexuelle Vorspiel zu beginnen. Überraschen Sie ihn.

Entdecken Sie Ihre Sprache der Liebe

Wenn Sie Ihrem Ehepartner das Gefühl geben wollen, geliebt zu werden, dann ist es wichtig, dass Sie herausfinden, welches seine Liebessprache ist. Doch überlegen Sie zuerst einmal, ob Sie Ihre eigene Liebessprache kennen. Manche Menschen können sofort sagen, welche Liebessprache sie sprechen und welche ihr Ehepartner spricht:

Lob und Anerkennung
Zweisamkeit
Geschenke
Hilfsbereitschaft
Zärtlichkeit

Für andere ist das nicht so leicht.

- Was ist Ihre primäre Liebessprache?
- Was gibt Ihnen das Gefühl, von Ihrem Ehepartner geliebt zu werden?
- Nach was sehnen Sie sich am meisten?

Ich möchte Ihnen drei Wege vorstellen, wie Sie Ihre Liebessprache herausfinden können:

1. Was tut Ihr Ehepartner oder was tut er gerade nicht, das Sie tief verletzt? Das Gegenteil von dem, was Sie so tief verletzt, ist wahrscheinlich Ihre Liebessprache.

2. Um was bitten Sie Ihren Ehepartner am häufigsten? Oft gibt uns das, um was wir am häufigsten bitten, das Gefühl, geliebt zu sein.

3. Auf welche Weise zeigen Sie Ihrem Ehepartner regelmäßig, dass Sie ihn lieben? Ihre Methode, dem Partner Ihre Liebe zu zeigen, könnte bedeuten, dass Sie sich dadurch auch besonders geliebt fühlen würden.

Wie können wir jedoch die Liebessprache des anderen sprechen, wenn wir womöglich voller Verletzungen, Ärger und Ablehnung sind? Die Antwort auf diese Frage finden wir nur, wenn wir ein entscheidendes Wesensmerkmal unseres Menschseins berücksichtigen: Wir haben einen freien Willen und können Entscheidungen treffen. Das heißt, wir können auch schlechte Entscheidungen treffen, wie jeder sicher aus eigener Erfahrung weiß. Wir alle haben schon einmal harte, richtende Worte gesagt und verletzende Dinge getan. Darauf sind wir nicht stolz, obwohl uns unser Verhalten in dem damaligen Augenblick gerechtfertigt erschien. Doch nur weil wir in der Vergangenheit schlechte Entscheidungen getroffen haben, heißt das noch lange nicht, dass wir das auch in Zukunft tun müssen. Stattdessen können wir auch sagen: „Es tut mir leid. Ich weiß, dass ich dich verletzt habe, und ich möchte mich in Zukunft anders verhalten. Ich möchte gerne deine Liebessprache lernen und deinen Bedürfnissen gerecht werden." In vielen Ehen, die kurz vor einer Scheidung standen, hat diese Entscheidung den Weg für eine Versöhnung geebnet.

Die Liebe löscht die Vergangenheit nicht aus, aber sie gestaltet die Zukunft anders. Wenn wir uns entscheiden, aktiv die Liebessprache unseres Partners zu sprechen, dann schaffen wir in unserer Ehe ein emotionales Klima, in dem wir uns unseren alten Konflikten und unserem Versagen stellen können.

Ich muss mich jeden Tag aufs Neue dafür entscheiden, dem Bedürfnis meiner Frau nach Liebe gerecht zu werden. Wenn ich ihre Liebessprache kenne und sie auch sprechen lerne, dann wird dieses tiefe Bedürfnis in ihr gestillt, und sie fühlt sich in meiner Liebe geborgen. Tut sie dasselbe für mich, dann werden auch meine emotionalen Bedürfnisse gestillt, und wir fühlen uns beide geliebt.

Dadurch werden viele Energien frei, die wir in Projekte außerhalb unserer Ehe investieren können, und trotzdem wird unsere Ehe weiter wachsen.

Die meisten von uns tun jeden Tag Dinge, die ihnen nicht leicht fallen. Für manche zum Beispiel ist es jeden Morgen erneut ein Kampf aufzustehen. Doch letztlich handeln wir gegen unsere Gefühle und stehen auf. Warum? Weil wir glauben, dass es an diesem Tag etwas Lohnendes zu tun gibt. Und meistens denken wir am Ende des Tages, dass es gut gewesen ist, aufzustehen. Unser Handeln ist unseren Gefühlen vorausgegangen.

Dasselbe gilt auch für die Liebe. Wir ermitteln die primäre Liebessprache unseres Ehepartners und entscheiden uns, sie künftig zu sprechen, egal ob es uns leicht fällt oder nicht. Es verlangt ja niemand, dass wir dabei warme und liebevolle Gefühle haben. Wir wollen es aber dennoch lernen, um dem anderen etwas Gutes zu tun. Wir wünschen uns, den Bedürfnissen des anderen gerecht zu werden, deshalb lernen wir seine Liebessprache. Wenn wir das tun, ist es sehr wahrscheinlich, dass in unserem Partner ebenfalls die Bereitschaft wächst, unsere Liebessprache zu lernen. Dadurch verändert sich die Beziehung, und meist kommen damit auch die Gefühle zurück.

Die Liebe ist eine Entscheidung. Letztlich ist es egal, welcher Partner den ersten Schritt macht – warum also nicht schon heute anfangen?

Liebe macht einen Unterschied

Liebe ist nicht unser einziges emotionales Bedürfnis. Psychologen haben herausgefunden, dass wir eine Reihe von Grundbedürfnissen haben, so auch Sicherheit, Selbstwertgefühl und Bedeutung. Die Liebe ist allerdings mit jedem dieser Bedürfnisse gekoppelt.

Wenn ich mich von meinem Ehepartner geliebt fühle, dann kann ich mich entspannen, weil ich weiß, dass mein Partner mir nichts Böses will. In seiner Gegenwart fühle ich mich sicher. In meinem Beruf werde ich vielleicht mit vielen Unsicherheiten konfrontiert, oder womöglich habe ich in anderen Bereichen meines Lebens spezielle Feinde, aber bei meinem Partner fühle ich mich geborgen.

Mein Selbstwertgefühl wird dadurch genährt, dass ich mich von meinem Ehepartner geliebt weiß. Er liebt mich, also muss ich wohl liebenswert sein. Vielleicht haben mir meine Eltern meinen Selbstwert nicht wirklich bestätigt, aber mein Partner kennt mich als erwachsenen Menschen und liebt mich. Diese Liebe stärkt mein Selbstwertgefühl.

Das Bedürfnis nach Bedeutung ist oft die treibende Kraft hinter unseren Handlungen. Das Leben ist geprägt von unserem Verlangen nach Erfolg. Wir wollen etwas erreichen im Leben. Jeder von uns hat seine eigene Vorstellung davon, was ihm Bedeutung verleiht. Aber wir alle arbeiten hart, um unsere Ziele zu erreichen. Wenn wir uns von unserem Ehepartner geliebt fühlen, dann bestärkt das unser Gefühl, von Bedeutung zu sein. Denn wir werden ja von jemandem geliebt.

Im Zusammenhang mit der Ehe heißt das, dass die Kluft zwischen uns und unserem Partner immer tiefer wird, wenn wir uns ungeliebt fühlen. Im Laufe der Zeit sehen wir im anderen eine Bedrohung für unsere Zufriedenheit und unser Glück. Wir kämpfen um unseren Selbstwert, und aus dem sicheren Ehehafen wird ein Kampfplatz.

Liebe ist nicht die Antwort auf alles, aber sie schafft eine sichere Atmosphäre, in der wir nach Antworten auf die schwierigen Fragen unseres Lebens und unserer Ehe suchen können. In diesem sicheren und geschützten Rahmen kann ein Ehepaar strittige Themen diskutieren, ohne sich dabei zu verurteilen oder zu verletzen. Konflikte können gelöst werden. Zwei völlig unterschiedliche Menschen können lernen, harmonisch miteinander zu leben. Dabei werden sie die besten Seiten im anderen zum Vorschein bringen. Das ist der Lohn der Liebe.

Kann die emotionale Liebe in einer Ehe wieder zum Leben erweckt werden? Und ob! Den Schlüssel dazu halten Sie in der Hand: Lernen Sie die Liebessprache Ihres Partners und sprechen Sie sie auch.

Fußnoten:

[1] Sprüche 18,21a

[2] Sprüche 12,25

[3] Johannes 13,3-17